规划未来星球

【法】劳琳·布伊苏 / 著
【法】约瑟芬·范德杜特 / 绘
周游 / 译

嘿，大家好，我们是泰阿和莱奥！

几年前，我们也曾生活在地球上。不过，后来科学家们在太阳系中发现了另一颗适合人类居住的星球。

我们和爸爸妈妈一起，成了第一批来这里定居的地球人。

探险家们已花费数月的时间走遍了这颗星球，标记地点，绘制地图。专家们研究了这里的动物和植物。工程师们和建筑师们规划了城市。设计师们推出了时尚、流行的产品。

一开始，每天清晨在陌生的星球醒来总是让人感觉怪怪的，不过现在我们已经习惯了这里的新环境。生活在这里真的很不错！这里的风景、建筑、食物都跟地球上很相似，但是又大不相同。

你一定很想知道我们的星球会是什么样子的吧？刚好，我们正想请你来构思呢！

好啦，现在请拿出你的画笔，尽情放飞自己的想象吧！

星球的外观

宇宙浩瀚无际！没人知道它到底有多大。其他星球上一定也有生命在繁衍！微生物？相貌古怪的外星人？没人知道！

在太空中，地球和其他七颗行星一起围绕着太阳旋转。

太阳是一颗恒星，它是一个“燃烧”着的巨大的气体球，发出耀眼的光芒。

海王星
天王星
土星
木星
火星
地球
金星
水星
太阳

地球离太阳不太近，也不太远，是个真正的绿洲！地球表面存在大量的水，它被适宜呼吸的一层空气——大气层所包裹。地球的环境极其适宜生命的繁衍生息，其他几颗行星则与地球完全不同：

- 水星上几乎没有空气，表面布满了陨石坑。
- 金星真的令人窒息：其表面温度可高达 475℃！而且，其大气层中充满了有毒的硫酸云。
- 火星的表面是由红色的岩石和沙丘构成的。火星上有以冰的形式存在的水，因此，或许这里在很久以前曾经有生命存在。不过，这里可没有全身绿色的火星人！

接下来的四颗行星都是由气体构成的星球。

- 木星是一颗巨大的行星，是所谓的风暴之星。风在它的表面旋转形成旋风。
- 土星拥有美丽的行星环，它们主要是由无数冰块组成的。
- 蓝绿色的天王星和海王星距离太阳非常遥远，所以它们的表面温度都很低，其中天王星的表面温度大约是 -224℃至 -216℃，海王星的表面温度大约是 -218℃至 -200℃。

现在，来说说你的星球吧！星球表面是炎热还是寒冷？是由岩石还是冰构成的？它有行星环吗？
你希望它的地面是光滑的，还是坑坑洼洼的，或者是群山耸立的？
先想一想这些问题，然后画出你的星球的轮廓。如果你觉得还要有大旋风、陨石坑或行星环，那就把它们画出来吧。最后，给你的星球涂上颜色，并插上代表这颗星球的旗帜。

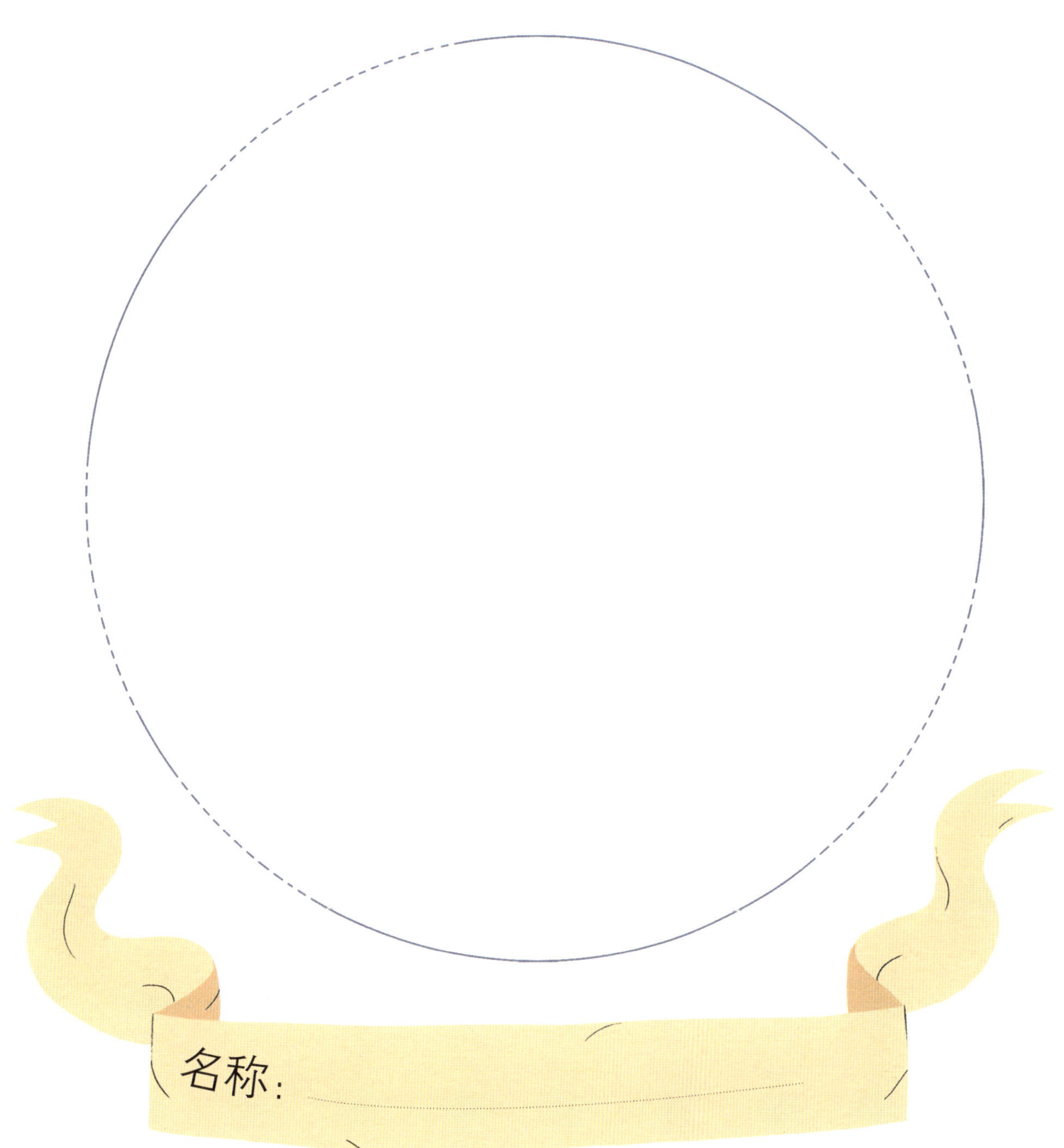

周围的风景

在茫茫沙漠中，耸立着白雪皑皑的山峰，多么清凉！

我们很幸运，生活在一个景色变幻无穷的星球上。炎热国家的沙漠、寒冷国家的冰原或者冰山、热带地区绿松石般澄澈的海水……你总能找到自己喜欢的风景！

△格陵兰岛上的冰山，这是一座被冰雪覆盖的岛屿

△塞舌尔群岛如诗如画的海滨风景

△摩洛哥撒哈拉沙漠中绵延起伏的沙丘

人类在不断改变着周遭的自然环境。随着时代的进步，人类建造了城市和高速公路。建筑物的外表面满是玻璃装饰，桥梁在夜晚亮起了灯光。这些景象充满了未来感！

△中东城市迪拜的一座波浪形蓝色桥梁

△现代化的城市

△喜马拉雅山脉的一座山峰

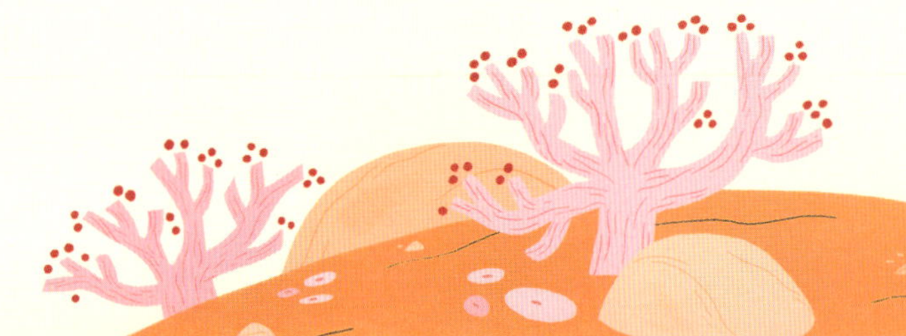

请你从这些元素🌴⛰️🏢🏜️🧊中进行选择，把你喜欢的风景画在你的星球上。
比如，你可以画一座被建筑物环绕的冰山，长在雪山中的棕榈树等。

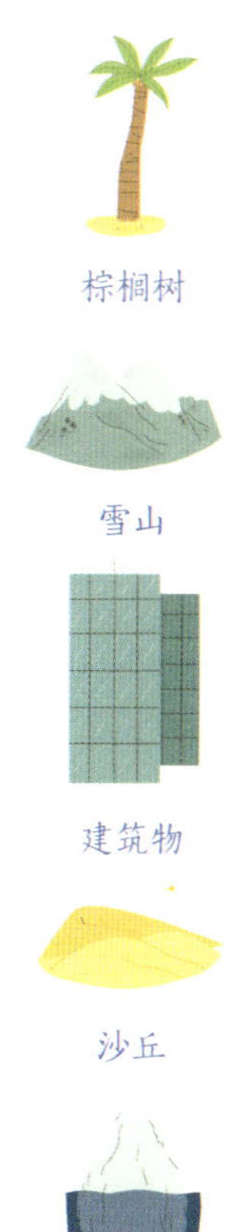

壮美的火山

地球上有几千座火山！水星、火星和金星上也有火山。

有些火山是死火山，它们非常古老，已经很久没有喷发过了，比如分布于法国中央高原上的多姆山链火山群。另一些火山则是活火山，比如位于西印度群岛的马提尼克岛上的培雷火山，还有意大利的埃特纳火山和维苏威火山。溢流式喷发型火山在喷发时会喷射出流动的熔岩，熔岩流会沿着山坡流下来。爆炸式喷发型火山会喷射出黏稠的岩浆、浓烟和炽热的火山灰，火山灰在空中弥漫，足以摧毁一整座城市，非常危险。

△岩浆，就是熔化的岩石

△南极洲的埃里伯斯火山是地球最南端的活火山

△奥弗涅死火山群

△日本富士山

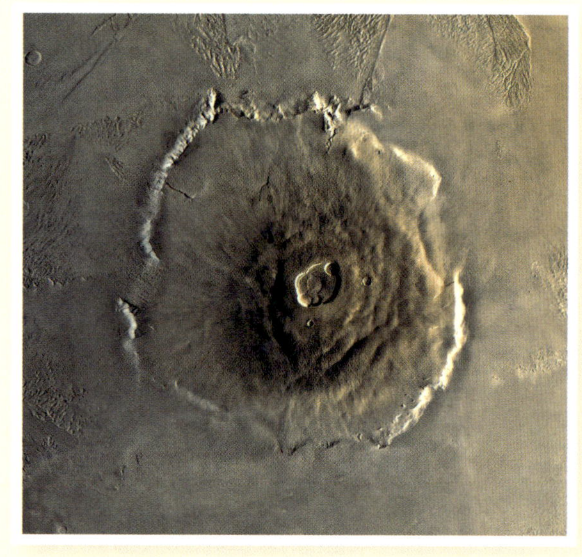

△太阳系已知最大的火山是火星上的奥林匹斯山

在你的星球上，如果你希望火山正在喷发，就请你画出它们喷射的火焰、流动的熔岩和四处飘散的浓烟。
如果你希望火山是已经停止喷发的死火山，那么就请你把它们涂成绿色的。
如果你希望火山被冰川覆盖，那么就请你给它们涂上浅蓝色，并在山顶上画上雪。
然后，请你根据自己的喜好画出天空的颜色，再根据自己的想象，在火山周围添加你想要的景物。

地平线之上

你想知道，我们透过卧室的窗户向外眺望时，在天空中看到了什么吗？

这风景真是美得令人窒息！

在地球上，我们可以看到太阳在天空中闪耀——就是这颗恒星让我们的星球温暖宜人。晴天里，要是突然下了一场暴雨，过后天空中可能会出现彩虹。傍晚时分，天空一片橙红色，太阳缓缓落下，最终消失在地平线之下——这就是黄昏。接下来，天色渐暗，天空中出现了闪烁的繁星。最后，夜幕降临。如果月亮不巧被云层遮住，那么夜晚将是一片漆黑。黎明时分，太阳升起，天空呈现出粉紫色。新的一天开始了！

△从月球上看到的地球

△彩虹

△日出时天空中柔美的色彩

△繁星闪耀的美丽夜空

△如果我们能在天空中看见其他行星，会是怎样的景象？

那么在你的星球，如果你现在打开窗户，会是一天中的什么时候？白天还是晚上？
你会在天空中看到什么？参考左页，画出你想象中的天空，再给它涂上颜色。
红色的月亮、蓝色的太阳、绿色的云朵、五彩的行星等，怎么画都可以。

桥梁、湖泊和河流

我嘛，要沐浴在金色的瀑布之下。

我还要在粉红色的湖泊中游泳！

在陆地上，由于水中含有藻类或矿物质，一些湖泊呈现黑色、绿色、黄色或者粉红色。比如这个地处澳大利亚的湖泊，就是美丽的粉红色。

△澳大利亚的希利尔湖

△美国猛犸象温泉的水常年沸腾着

海洋、河流、湖泊、瀑布，地球被称为蓝色星球并不是没有原因的！地球表面超过 70% 的地方被水覆盖。

△非洲的莫西奥图尼亚瀑布

为了跨越江河或海洋，人们建造了各式各样的桥梁。

△巴西的一座超级现代化的桥梁

△日本的一座小木桥

你能想象紫色或者明黄色的瀑布吗？或者一座奇特的桥？
现在，就用你的画笔把它们画出来吧！给瀑布和河水涂上你想要的颜色。
再想象一下架在这里的小桥。你可以用各种鲜花装饰它，给它涂上一些金色的光芒来点缀……

奇怪的动物

像斑马一样身上长着条纹的长颈鹿，像蛇一样长着鳞片的巨嘴鸟，你认为会给人怎样的感觉？

一开始会感到很奇怪，但慢慢会习惯的！

浑身翠绿的蛇、柠檬黄色的鱼、粉红色的火烈鸟等，在热带地区的丛林或大草原上，居住着一些非常神奇的动物。它们的皮毛光彩夺目，还长有斑点或者条纹。在地球最北部非常寒冷的地区，像北极狐这样的动物懂得如何隐藏自己：在夏季，它们的皮毛呈灰白色；而到了冬季它们会换上一身雪白的皮毛，与周围的景色融为一体，所以很难被发现！

如今，科学家们已经发明了“机器动物”。如果这种机器动物在你的星球上到处蹦蹦跳跳，你觉得怎么样？

想象一下，这六种动物生活在你的星球上。请先描出它们的轮廓，
再给它们的身体画上图案，涂上颜色，图案、颜色都由你来决定。比如，
蓝色斑点的火烈鸟、斑马条纹的巨嘴鸟、长颈鹿花纹的蝴蝶、豹纹蛇等，尽情发挥吧！

非同寻常的植物

地球上有好几万亿棵树。在有些国家，人类砍掉了很多树。但有的时候，人类又会大量植树。这种行为被称作“重建森林”。

在地球上，有许多奇异的植物。不同地方的植物各不相同。有些植物需要大量的水，有些需要很多阳光，有些则喜欢阴凉和潮湿。另外一些植物生长在山中，它们耐寒、抗风，比如花朵上长满白色茸毛的高山火绒草。还有一些植物通过在体内储存水分，可以很好地耐受高温，例如生长在沙漠地区的仙人掌。

△墨西哥的巨型仙人掌

△高山火绒草（又名雪绒花），是瑞士阿尔卑斯山脉的象征

△某些大树的树枝长得奇形怪状

△生长在亚洲热带雨林中的大王花是世界上最大的花

△也门的龙血树看起来像大蘑菇

选择你喜欢的图案和颜色，把这些未完成的古怪的花草树木补画完整。
你还可以根据自己的想象，在空白处画上其他植物。这将成为你的星球上的奇异花园。

你的房子

巴布亚人住在建造于树上的房子里，以保护自己免受蚊子等野生动物的侵害。

世界各地的人们居住的房屋各不相同。在地球最北部的北极地区，因纽特人住在用冰雪建造的冰屋中。在中亚的寒冷地区，以及叙利亚和撒哈拉的沙漠中，游牧民族住在帐篷里。在东南亚或大洋洲，人们有时在水上搭建房屋。在欧洲的山区，住在小木屋里非常舒服惬意。

△中亚游牧民族色彩绚丽的蒙古包

△塔希提岛潟湖上的水屋

△建在水上的玻璃房屋

△阿尔卑斯山脉上的小木屋

△新加坡的一座房屋

△墨西哥的一片房屋

在你的星球上，你的房屋是用什么建造的？石头、木头、玻璃，还是纺织物？
它是圆顶的、平顶的，还是尖顶的？它是高大的，还是矮小的？
请你画出想象中自己的房屋的样子，然后给它涂上颜色。

宏伟的建筑

世界上最高的建筑物是位于迪拜的哈利法塔，它有828米高。

法国最高的建筑物是埃菲尔铁塔，高达330米。

很久以前，伟大的建设者和建筑师们已经知道如何建造美丽的建筑物，以供特殊场合使用或作为国王的宫殿或陵墓，或用以祭祀神灵等。从用石头建造的金字塔，到为容纳大量人口而设计建造的钢筋混凝土摩天大楼，再到以曲线著称的埃菲尔铁塔，随着时间的推移，很多建筑物的外观都发生了很大变化。每个国家都有自己的标志性建筑，你喜欢什么样的建筑呢？

△位于法国尼姆的方形神殿

△位于埃及开罗附近的吉萨金字塔

△坐落于俄罗斯圣彼得堡的冬宫

△美国纽约曼哈顿的一座玻璃面摩天大楼

△能不能把大自然融入城市之中，就像这座位于新加坡的花园？

想象一下，你正在这个星球上你最喜欢的地方（城市里或者野外）漫步。
看看你的周围有什么，寺院？金字塔？五颜六色的宫殿？鲜花装点的高楼？
请画出你梦想中的宏伟建筑，然后给它们涂上美丽的颜色。

传统服装

传统服装是一个国家、城市或地区的典型服装。人们会根据不同的场合，穿不同的服装。有些服装是日常穿的，还有一些服装是节日或表演时才会穿的。

每个国家都有自己的特色服装！它们通常色彩绚丽，还可以搭配珠宝。下面是一些传统服装的例子，以及对于未来服饰的设想。

△秘鲁克丘亚族妇女的服装

△埃塞俄比亚儿童身披五彩缤纷的披肩

△俄罗斯人穿着非常暖和的大皮袍子

△跳西班牙弗拉门戈舞时穿的褶边长尾裙

△印度吉卜赛人的服装

未来，我们说不定会穿上超级英雄或者太空机器人的服装呢！

根据你的喜好，设想并画出在你的星球上男孩和女孩会穿的时尚服装。
给这些服装添加一些图案（花朵、圆点、条纹、心形，等等），
再给服装涂上颜色，最后画出孩子们的容貌。

头饰

羽毛、羊毛、稻草、金属等，你喜欢哪种材质的帽子？

很久以来，各个社会阶层的人都戴帽子。人们在户外工作或去野外探险时，帽子可以防晒或御寒，非常实用。如今，即使人们不总是戴帽子，但帽子始终给人一种优雅的感觉！

△这顶火枪手的帽子，仿佛让时光倒流回从前

△墨西哥人的阔边帽

△野外探险家的帽子

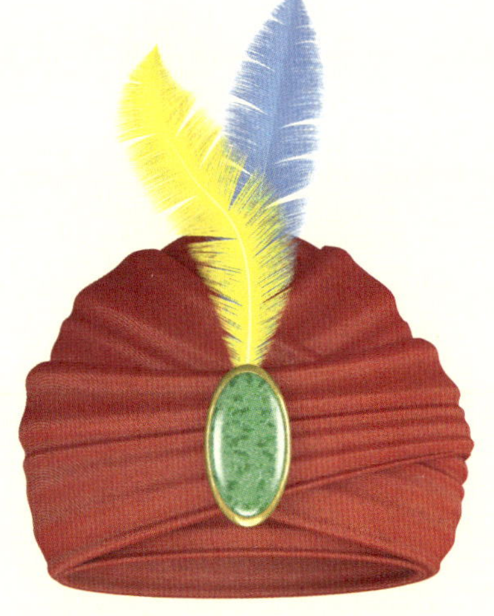

△印度的男用头巾

△秘鲁人的护耳毛线帽

△寒冷地区人们戴的无檐帽

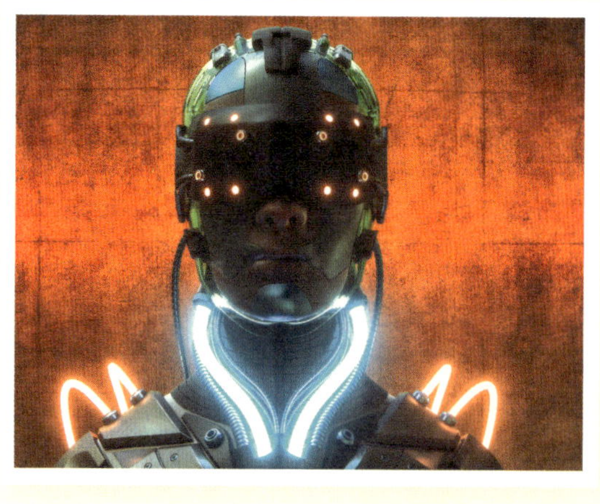

△未来人类的头饰

△用竹子和棕榈叶制成的越南斗笠

想象一下，你的星球上的这四个居民可能戴着什么形状、图案和颜色的帽子。
画好帽子后，再给他们补画上五官和头发。

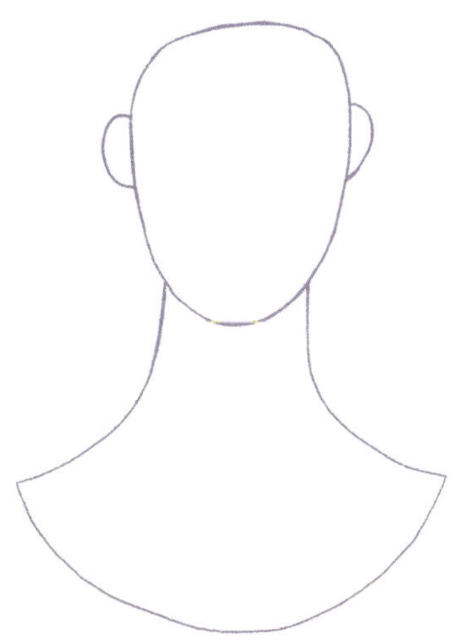

吃饭啦！

我想尝尝奇特的水果……

我想吃那个巨无霸汉堡包！

下面这些具有典型地域特色的菜肴或甜点，一定会让你直流口水。（只有一个例外，你有没有找到那个异类？）

△比萨，意大利美味

△想不想把头埋在云朵般的棉花糖里？

△汉堡包，西方快餐文化的一个象征

△在印度，人们喜欢辛辣的菜肴

△一个彩虹色的菠萝

△比利时的华夫饼，真好吃！

如果你既喜欢吃美食，也喜欢做科学实验，那么一定会爱上分子料理！这是你可以在厨房里，利用食物的味道、质地（柔软、凝胶状等）、形状和颜色来完成的一个趣味游戏。你会做出令人惊叹的菜肴，比如蘑菇慕斯、沙拉汤、覆盆子球、豌豆果冻，等等。

在这些盘子上画出你的星球上的典型菜肴或甜点。你可以任意发挥，什么样的食物都可以！
然后，给盘子旁边的糖果涂上你最喜欢的颜色。

出行方式

喂，在你的星球上，
你想怎样出行？

地球上的出行方式多种多样。很久以前，人们走路、骑牲畜或者乘马车出行。为了探索未知的世界，人们发明了汽车、船舶、火车、飞艇和飞机等。随着时间的推移，这些交通工具得到不断完善，能够走得更远、更快。但即使在今天，世界上仍有一些未被开发的地区，那里没有公路，没有铁路，也没有机场，人们仍然依靠自己的双脚或牲畜出行。

像北非的柏柏尔人那样，骑着骆驼出行？

乘坐城铁，穿过一座超级现代化的城市，就像在阿联酋的迪拜？

或者乘坐未来世界的透明汽车出行？你的父母操作某个控制装置，汽车就会隐身，并能在水下穿行或者在空中飞行。

乘坐热气球，去探索天空？

乘坐帆船，去探索海洋？

不过，你可能更希望让一头鲸带着你飞向云端？

一艘飞艇，一架在水面上滑行的飞机，一辆圆鼓鼓的鱼形汽车……
尽情想象一下，在你的星球上你会乘坐什么样的交通工具！
在路上、海中和天空各画一种交通工具，然后分别给它们涂上颜色。

探索未知世界

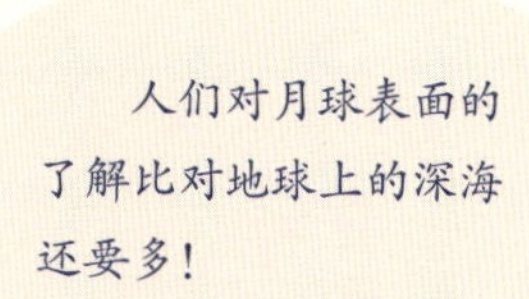

地球人不仅探索陆地，还前往海洋深处，研究隐藏在那里的生命、山脉和深坑。人类还将卫星、探测器和机器人送入太空，它们带回了大量关于太阳系天体的信息（照片、样本等）。1969 年，人类实现了月球漫步，而现在人类的梦想之一是登上火星。这个梦想或许有朝一日能够实现！

探索海底世界

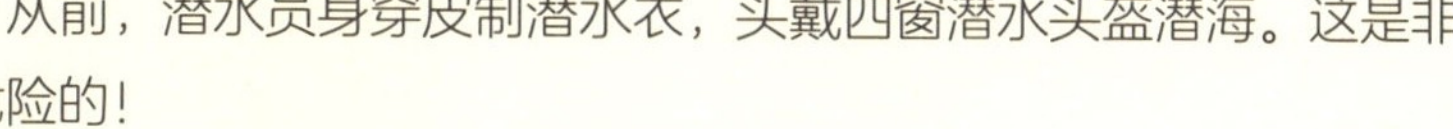

从前，潜水员身穿皮制潜水衣，头戴四窗潜水头盔潜海。这是非常危险的！

而你，可能会拥有超级先进的深海探测器……

或者，你会拥有在水下呼吸的超能力……

从你的星球出发探索太空

你的火箭可能会闪闪发光，就像右边这艘！

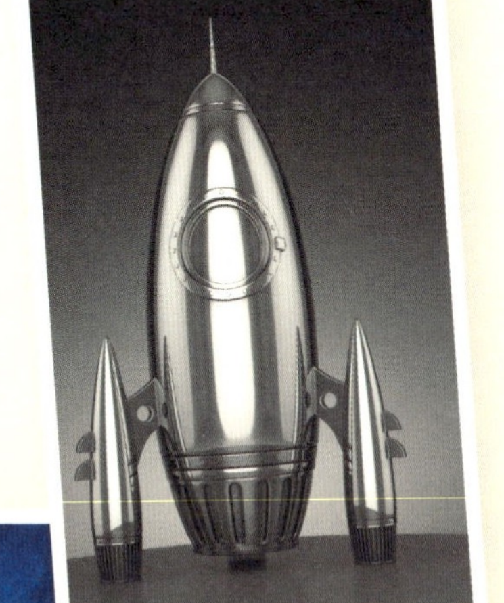

说不定你会发现一扇神奇的大门，送你进入另一个宇宙。